SPANISH READERS

La ropa

Fiona Undrill

Pleas

Heinemann

Clothes

www.heinemann.co.uk/library
Visit our website to find out more information about Heinemann Library books.

To order:
☎ Phone 44 (0) 1865 888066
🖹 Send a fax to 44 (0) 1865 314091
🖥 Visit the Heinemann Bookshop at www.heinemann.co.uk/library to browse our catalogue and order online.

First published in Great Britain by Heinemann Library, Halley Court, Jordan Hill, Oxford, OX2 8EJ, part of Pearson Education. Heinemann is a registered trademark of Pearson Education Ltd.

Editorial: Charlotte Guillain
Design: Joanna Hinton-Malivoire
Illustration: Darren Lingard (p14)
Picture research: Ruth Blair
Production: Duncan Gilbert

Translation into Spanish produced by DoubleO Publishing Services
Printed and bound in China by Leo Paper Group.

ISBN 9780431990361 (hardback)
12 11 10 09 08
10 9 8 7 6 5 4 3 2 1

ISBN 9780431990460 (paperback)
12 11 10 09 08
10 9 8 7 6 5 4 3 2 1

British Library Cataloguing in Publication Data
Undrill, Fiona
La ropa = Clothes. - (Spanish readers)
1. Spanish language - Readers - Clothing and dress 2. Clothing and dress - Juvenile literature 3. Vocabulary - Juvenile literature
I. Title
468.6'421
A full catalogue record for this book is available from the British Library.

Acknowledgements
The publishers would like to thank the following for permission to reproduce photographs:
© Alamy p. **6** (Libby Welch); © Corbis pp. **3**, **4** (Randy Faris), **11** (C. Lyttle/zefa), **15** (Joson/zefa), **16** (David Samuel Robbins), **20**; © Harcourt Education pp. **22** (Peter Morris), **23** (Tudor Photography); © istockPhoto p. **22** (Denisa Moorhouse); © Photolibrary.com p. **12** (OSF); © 2007 Jupiter Images Corporation pp. **8**, **19**

Cover photograph of washing on line reproduced with permission of Alamy (Chris Fredriksson).

Every effort has been made to contact copyright holders of any material reproduced in this book. Any omissions will be rectified in subsequent printings if notice is given to the publishers.

Contenido

Try to read the question and choose an answer on your own.

¿Qué prenda de vestir se fabrica con este material?

a los calcetines

b la chaqueta

c el traje de baño

d la ropa interior

Pista
1. Las botellas de plástico se reciclan para hacer esta prenda de vestir.
2. La usas cuando hace frío.

4

5

You might want some help with text like this.

¿Qué prenda de vestir se fabrica con este material?

a   los calcetines

b   la chaqueta

c   el traje de baño

d   los canzoncillos

 Pistas

1. Las botellas de plástico se reciclan para hacer esta prenda de vestir.
2. La usas cuando hace frío.

Respuesta

b la chaqueta

Reciclaje

25 botellas de plástico = una chaqueta.

Objeto	Número de años que demora en descomponerse
bolsa de plástico	10–20
lata de aluminio	50–100
botella de vidrio	500
botella de plástico	450+

Por lo tanto, ¡reciclemos!

¿Qué prenda de vestir se fabrica con este material?

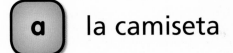

a la camiseta

b los zapatos

c los vaqueros

d los pulóveres

Pistas

1. En la imagen ves una oveja.
2. La prenda de vestir es
   - de lana
   - de abrigo, es buena cuando hace frío

Respuesta

d los pulóveres

Animales empleados en fabricar ropa

Animal	Ejemplo de ropa
patos	abrigo (el interior)
cocodrilos	zapatos
conejos	abrigo
ovejas	pulóver
zorros	bufanda
serpientes	botas
vacas	zapatos
gusanos de seda	vestido

a las botas

b el vestido

c el pulóver

d el sombrero

Pistas

1. En la imagen ves un gusano de seda.
2. La prenda de vestir es para mujeres.

Respuesta

b el vestido

huevos

oruga

polilla

larva

El ciclo de vida de
un gusano de seda.

adulto

capullo

crisálida

El capullo es de seda;
la seda se saca de aquí.

14

¿Qué prenda de vestir se fabrica con este material?

a los zapatos

b la camiseta

c el traje de baño

d los calcetines

⚡ **Pistas**

1. Esta prenda de vestir es para los pies.

2. La imagen es de pieles de animales, para hacer cuero.

Respuesta

a los zapatos

Cuero

También usamos el cuero para hacer:

- chaquetas
- cinturones
- sillas

¿Tienes zapatos de cuero?
Busca este símbolo:

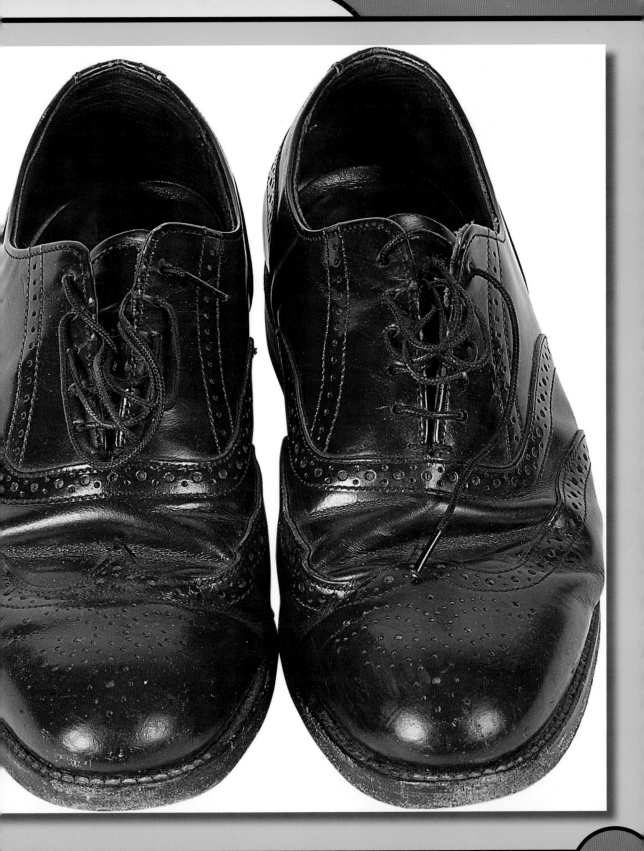

¿Qué prenda de vestir se fabrica con este material?